나는 혼자서 알아낸다

국립중앙도서관 출판시도서목록(CIP)

나는 혼자서 알아낸다 / 지은이: 구 상. -- 양평군 : 시인생각, 2013
   p. ;   cm. -- (한국대표명시선100)

ISBN 978-89-98047-64-1 03810 : ₩6000

"구 상 연보" 수록
한국시[韓國詩]

811.62-KDC5
895.714-DDC21   CIP2013012182

한 국 대 표
명　　시　　선
1　0　0

구　　　상

나는 혼자서 알아낸다

시인생각

■ 시인의 말

　시詩 수업 10년 하면 제법 무슨 도道나 이룬 듯하나 나의 경우란 실상 머무르고 휘이지 못하는 나의 정신이 각박하고 처절한 나의 인생과 단병전單兵戰을 지속해왔을 따름인 것이다. 그러므로 이 시집이 내 정신의 포효요 내 인생의 각혈이요 이 두 싸움의 역정인 것이다.

　이러한 나의 청춘을 지탱하기엔 나의 시는 현대 우리 시가 가지는 통념의 운율이나 언어공작이 무시당해 있음을 나는 알며 앞으로의 나의 시 수업에 있어 이러한 화해작용이 먼저 나 스사로 요구되기도 한다.

　그러나 나는 시가 신동의 선기仙技나 천재의 도술로 믿지 않는 이상 앞으로도 내 '생명의 소박한 실사實寫'를 시의 본령으로 삼을 것이다. 이는 내가 시를 문장文章 김동리金東里 씨의 정론대로 '고조高調된 혼의 고백' 또는 기도로 또한 나답게 믿는 바가 있는 까닭이다.

    이 시집 『구상具常』이 나옴에 있어 인간 벌거숭이 구상을 위하여 가난하나마 따뜻한 이웃이 되어 온 은인 형제자매들에게 신의 강복이 있을 것을 합장한다. 그들이 아니었던들 나의 열熱된 생명이 이제까지 어찌 유지되었을까 하고 나는 아슬한 몸서리에 잡힌다. 더욱이 월남越南 3년 동안에도 폐에 발병이 두 차례 이때에 파성巴城 형을 비롯한 진주 동지들의 눈물겨운 애정과 우리 [자子야]의 헌신적 구조엔 차라리 입을 봉하고 만다.

    이제 시집 『구상具常』을 끼고 칠순의 홀어머니와 참형 당했던 내 신부神父 형의 시신을 찾으러 떠나려는 나의 가슴 속에 왕래하는 그 오만가지 기 참[滿]을 넋두리하기엔 이 종이는 너무나 공간空間 같구나.

1950년 국추菊秋
원산지구출장증元山地區出張證을 쥐고

저자 지 識

<시집 『구상具常』(1951. 6. 10) 서문에서>

■ 차례 ──────── 나는 혼자서 알아낸다

시인의 말

1

홀로와 더불어　13
나는 혼자서 알아낸다　14
풀꽃과 더불어　16
구상무상具常無常　18
오늘　19
백련白蓮　20
선정禪定　22
임종예습臨終豫習　24
오도午禱　26

한국대표명시선100 구 상

2

조화造化 속에서　29

겨울 과수원에서　32

오늘서부터 영원을　34

독락獨樂의 장章　36

신록을 바라보며　38

에로스 소묘素描　40

백자　44

신라토기新羅土器　46

출애급기出埃及記 별장別章　48

3
초토焦土의 시詩 1   51
초토焦土의 시詩 2   52
초토焦土의 시詩 9   54
조국아! 늬는   55
월남기행越南紀行   56
여명도黎明圖   60
드레퓌스의 벤치에서
　　—도형수徒刑囚 짱의 고백   62
기도   64

4

말씀의 실상實相　67

신령한 소유　68

나자렛 예수　70

성모상 앞에서　74

부활절　76

봄맞이 춤　78

해빙解氷　80

가을 병실　82

5

성탄절 고음苦吟 87

하일서경夏日敍景 88

초생달 꽃밭 90

달밤 2경景 92

초동初冬의 서정抒情 94

마지막 잎새 96

신령한 새싹 98

오늘은 내 안에 100

해설_상常과 나·설창수 102
구 상 연보 105

1

홀로와 더불어

나는 홀로다.
너와는 넘지 못할 담벽이 있고
너와는 건너지 못할 강이 있고
너와는 헤아릴 바 없는 거리가 있다.

나는 더불어다.
나의 옷에 너희의 일손이 담겨 있고
나의 먹이에 너희의 땀이 배어 있고
나의 거처에 너희의 정성이 스며 있다.

이렇듯 나는 홀로서
또한 더불어서 산다.

그래서 우리는 저마다의 삶에
그 평형과 조화를 이뤄야 한다.

나는 혼자서 알아낸다

산정山頂에 올라가 붙은
판잣집 창에
머리에 부스럼 자국이 난 선머슴처럼
얼굴을 대고
나는 혼자서 알아낸다.

저기, 흐르는 푸른 강에
물고기들이 흐느적 놀듯이
여기, 황토 굳은 땅에
개미가 들락날락 일하듯이

첫째 우리 인간도
서로 물어뜯지 말고
아우성도 없이 살아야 함을
나는 혼자서 알아낸다.

한낮의 백금白金 같은 날빛을
온몸에 받으며
누구나 낙망의 휘장을
스스로 가리지만 않는다면

언제 어디서나 마침내
광명을 누릴 수 있음을
나는 혼자서 알아낸다.

몇 뼘도 안 되는 꽃밭에
코스모스가 서서 피고
채송화가 앉아 피는 것을 보고
만물은 저마다 분수分數를 다할 때
더없이 아름답다는 것을
나는 혼자서 알아낸다.

이제사 겨우 눈곱이 떨어지는
선명鮮明으로
진선미가 저렇듯 실재하다는 것을
나는 고개를 끄덕이며
혼자서 알아낸다.

풀꽃과 더불어

아파트 베란다
난초가 죽고 난 화분에
잡초가 제풀에 돋아서
흰 고물 같은 꽃을 피웠다.

저 미미한 풀 한 포기가
영원 속의 이 시간을 차지하여
무한 속의 이 공간을 차지하여
한 떨기 꽃을 피웠다는 사실이
생각하면 생각할수록
신기하기 그지없다.

하기사 나란 존재가 역시
영원 속의 이 공간을 차지하며
무한 속의 이 공간을 차지하며
저 풀꽃과 마주한다는 사실도
생각하면 생각할수록
오묘하기 그지없다.

곰곰 그 일들을 생각하다 나는
그만 나란 존재에서 벗어나
그 풀꽃과 더불어

영원과 무한의 한 표현으로
영원과 무한의 한 부분으로
영원과 무한의 한 사랑으로

이제 여기 존재한다.

구상무상 具常無常

이제 세월처럼 흘러가는
남의 세상 속에서
가쁘던 숨결은 식어가고
뉘우침마저 희미해가는 가슴.

나보다도 진해진 그림자를
밟고 서면
꿈결 속에 흔들리는 갈대와 같이
그저 심심해 서 있으면
해어진 호주머니 구멍으로부터
바람과 추억이 새어나가고
꽁초도 사랑도 흘러나가고
무엇도 무엇도 떨어져버리면

나를 취하게 할 아편도 술도 없어
홀로 깨어 있노라.
아무렇지도 않노라.

오늘

오늘도 신비의 샘인 하루를 맞는다.

이 하루는 저 강물의 한 방울이
어느 산골짝 옹달샘에 이어져 있고
아득한 푸른 바다에 이어져 있듯
과거와 미래와 현재가 하나다.

이렇듯 나의 오늘은 영원 속에 이어져
바로 시방 나는 그 영원을 살고 있다.

그래서 나는 죽고 나서부터가 아니라
오늘서부터 영원을 살아야 하고
영원에 합당한 삶을 살아야 한다.

마음이 가난한 삶을 살아야 한다.
마음을 비운 삶을 살아야 한다.

백련 白蓮

내 가슴 무너진 터전에
쥐도 새도 모르게 솟아난 백련 한 송이

사막인 듯 메마른 나의 마음에다
어쩌자고 꽃망울은 맺어 놓고야
이제 더 피울래야 피울 길 없는
백련 한 송이

온밤내 꼬박 새워 지켜도
너를 가리울 담장은 없고
선머슴들이 너를 꺾어간다손
나는 냉가슴 앓는 벙어리 될 뿐

오가는 길손들이 너를 탐내
송두리째 떠간다 한들
막을래야 막을 길 없는
내 마음에 망울진 백련 한 송이

차라리 솟지나 않았던들
세상없는 꽃에도 무심할 것을
너를 가깝게 멀리 바라볼 때마다
통통 부어오르는 영혼의 눈시울

선정禪定

늙은 바위 번들번들한 뒷머리에
푸른 벌레가 알을 슬 듯
파릇파릇 이끼가 돋아 있다.

백곡百穀이 움트는 봄비의 소치런가?
아니면 백세百歲 바위의
소생하는 유치幼稚런가?

이제 꽃도 열매도
잎사귀도 소용치 않고
비바람도 천둥 번개도 들리지 않고
밤도 낮도 분간이 없고
악취나 향내도 모르고
과거와 현실과 꿈이 다를 바 없는
경계境界.

바위의 안은 암거暗渠의 흐름이 아니라
아침의 햇발을 받은 영창映窓의 청명!
하늘의 저 허허창창과도 면오面晤하고
이 지상, 버라이어티의 문란紊亂도 관용하고

저 대양의 넘실거림도
홀로의 묵좌默坐로서 진정한다.

'그러나 나는 알라딘의 램프*가 아니다'

무심한 바위에
세심히 낀 이끼
선정禪定의 광경이여!

*) 아라비안나이트 설화에 나오는, 어떤 욕망이나 염원도 다 채워 준다는 램프.

임종예습 臨終豫習

흰 홑이불에 덮여
앰뷸런스에 실려간다.

밤하늘이 거꾸로 발밑에 드리우며
죽음의 아슬한 수렁을 짓는다.

이 채로 굳어 뻗어진 내 송장과
사그라져 앙상한 내 해골이 떠오른다.

돌이켜보아야 착오투성이 한평생
영원한 동산에다 꽃 피울 사랑커녕
땀과 눈물의 새싹도 못 지녔다.

이제 허둥댔자 부질없는 노릇이지……

──아버지 저의 영혼을
당신 손에 맡기나이다──

시늉만 했지 옳게 섬기지는 못한
그분의 최후 말씀을 부지중 외면서
나는 모든 상념에서 벗어난다.

또 숨이 차온다.

오도午禱

저 허공과 나 사이 무명無明의 장막을 거두어 주오.
이 땅 위의 모든 경계선과 철망과 담장을 거두어 주오.
사람들의 미움과 탐욕과 차별지差別智*를 거두어 주오.
나와 저들의 체념과 절망을 거두어 주오.

소생케 해주오. 나에게 놀람과 눈물과 기도를,
소생케 해주오. 죽은 모든 이들의 꿈과 사랑을,
소생케 해주오. 인공이 빚어낸 자연의 모든 파상破傷을.

그리고 허락하오. 저 바위에게 말을, 이 바람에게 모습을,
오오, 나에게 순수의 발광체로 영생할 것을 허락하오.

*) 만물 만상의 근본을 평등으로 보지 않고 차등현상으로 보는 인식.

2

조화造化 속에서

울 밑 장독대를 빙 둘러
채송화가 피어 있다.

희고 연연한 몸매에
색색의 꽃술을 달고
저마다 간드러진 태를 짓고
서로 어깨를 떠밀기도 하고
얼굴을 비비기도 하며 피어 있다.

하늘엔 수박달이 높이 걸리고
이슬이 젖어드는 이슥한 밤인데
막내딸 가슴의 브로치만큼씩한
쬐그만 나비들이 찾아들어
꽃술 위를 하늘하늘 날고 있다.

노랑,
빨강,
분홍,
연두,
보라,

자주,

이 꽃술에서 저 꽃술로
꽃가루를 옮겨 나르는 나비들!
이른 봄부터 밤마저 새워가며
그 수도 없이 날던 나비 떼들!

알록달록 채송화의 꽃물을 들이기에
저 미물들이 여러 천년을 거듭하는
억만의 역사役事를 하였겠구나.

헛간 뒤 감나무의 짓무른 홍시도
입추 전까지는 입이 부르트게 떫었으며
저 뒷동산의 밤송이도
가시를 곤두세워 얼씬도 못하게 하더니만
알을 익혀 하강下降의 기름칠을 하고는
입을 제 스스로 벌렸다.

오오, 만물은 저마다
현신現身과 내일의 의미를 알고

서로가 서로를 지성으로 도와
저렇듯 어울리며 사는데

사람인 나 홀로 이 밤
울타리에 썩어가는 말뚝이듯
아무것도 모르며 섰는가?

겨울 과수원에서

흰 눈이 소금같이 뿌려진
과수원에
한 그루 매화의 굵고 검은 가지가
승리의 V자를 지었고
그 언저리를 부활의 화관인 듯
꽃이 만발하다.

"보라! 나의 안에 생명을 둔 자
죽어도 죽지 않으리니
보이지 않는 실재를
너희는 의심치 말라"

까치가 한 마리 이 가지 저 가지를
해롱대며 날아다닌다.

폐肺의 공동空洞처럼 뻥 뚫린 구덩이 옆에
한 그루 아름드리 사과나무가
송장처럼 뻐드러져 있다.

그림자처럼 어두운 사내가
지게를 지고 와서
도끼로 마른 가지를 쳐내고
몸뚱이를 패서 지고 간다.

"보라! 형벌의 불 아궁 속으로 던져질
망자의 몰골을,
그러므로 너희는 현존의 뿌리를
병들지 않도록 삼가라"

얼어붙은 하늘에 까마귀가
까옥까옥 날아간다.

오늘서부터 영원을

오늘도 친구의 부음訃音을 받았다.
모두들 앞서거니 뒤서거니
어차피 가는구나.

나도 머지않지 싶다.

그런데 죽음이 이리 불안한 것은
그 죽기까지의 고통이 무서워설까?
하다면 안락사도 있지 않은가?

하지만 그래도 두려운 것은
죽은 뒤가 문제로다.
저 세상 길흉이 문제로다.

이렇듯 내세를 떠올리면
오늘의 나의 삶은
너무나 잘못되어 있다.

내세를 진정 걱정한다면
오늘서부터 내세를,
아니 영원을
살아야 하지 않겠는가!

독락獨樂의 장章

애들아, 내가 노니는 여기를
매화 옛 등걸에
까치집이라 하자.

늬들은 나를 환희幻戲에 산다고
기껏 웃어주지만
나에게는 어느 영웅보다도
에누리 없는 사연이 있다.

이제 나도 세월도
서로 무심해지고
눈 아래 일렁이는 세파도
생사의 소음도
설월雪月 같은 은은殷殷 속에
화해된 유정有情!

애들아!
박명薄明, 저 가지에 걸치는 효광曉光과
모혼暮昏의 정적을 생식生食하면서
운명을 정서로 응감應感시킨

내사 갖는 이 즐거움이야
늬들은 모르지.

도도陶陶한 이 아픔을
늬들은 모르지.

신록을 바라보며

한 겨우내 세상무대 뒤 땅 밑에서
움츠리고 살던 초목들이
아무런 요란도 수선도 떨지 않으며

저마다 새로운 봄치장을 하고서
화사한 햇발을 온몸에 받으며
서로가 염미艶美를 발산하고 있다.

우리는 저들의 푸른 새 옷이
명동 양장점이나
이태원 외인상가나
또는 남대문시장에서
팔고 산 것이 아님을
너무나도 잘 안다.

그러나 우리는 저들에게
봄의 새 단장을 시키고
눈부신 아름다움을 선사한
조화옹造化翁의 그 신령한 힘과 섭리에는
눈멀어 감사할 줄도 섬길 줄도 모르면서

그저 '저절로'라고 무심히 여긴다.

그러면서도 그분에게
제 눈에만 보이고
제 욕심만 채우는
이적異蹟을 보여 주기 바라고
흥부의 박 같은 복이
굴러들어 오기만 빈다.

주여! 우리를 측은히 여기소서!

에로스 소묘素描

1
농익은 수밀도의 가슴.

꽃무덤 위에 취해 쓰러진
나비.

멜론 향기의 혀.

흰 이를 드러낸 푸른 파도에
자맥질하는 갈매기.

수평선의 아득한 눈 속.

원시림 속의 옹달샘을 마시는
노루.

에로스의 심연,
원죄의 미.

2

하롱 하롱 고양이의 요기 서린
얼굴.

삼단 머리채로 휘감은
비너스의 목.

명주明紬 젖가슴에 솔개의 발톱자국.

모래시계의 배꼽.

함지박 엉덩이,
아름드리 나무 속살 허벅지.

랑데부 여울목
불 지른 봄날의 잔디 두덩.

어둠의 태백太白 속
진달래산 담요벼랑 아래

출렁이는 백포白布의 파도 위
양팔을 포승捕繩으로 조이는
나부裸婦.

....

비둘기 울음.

숨 막히는 찰나, 오오 비의秘義!

   3
허공에다 새긴다.

그 얼굴
그 목소리
그 미소
그 허벅지

허지만 그 정은

새길 수가 없다.

마음속에 새겨진 것은
형상이 안 된다.

    4
그 알몸을 어루만지던
손으로
흰 수염을 쓰나듬는다.

백금같이 바래진 정념……

그 사랑은 두레박을 타고
하늘로 올라갔다.

이제 그 시간과 공간은
영원으로 이어졌다.

백자

방 한구석 탁자 위에
백자 항아리 하나
덩그러니 놓여 있다.

그 백자에는 산수山水나 화조花鳥 같은
그림이 그려 있지도 않고
그저 천지태초의 흰 빛깔만이
그윽한 밝음을 뿜고 있다.

또한 그 백자에는
한 송이 꽃이 꽂혀 보지도 않았고
한 바가지 물이 담겨 보지도 않았고
그런 그릇으로의 구실을 떠나서
그저 빈 항아리로 놓였을 뿐이다.

누가 바라보아도 그만
누가 바라보지 않아도 그만
마치 없는 것처럼 거기 있는데

주인처럼 묵고 낡은 책과 가구가
엉성하게 놓인 이 방에서
그 백자는 비너스의 알몸보다도
선연한 염미艶美를 발산하고 있다.

신라토기 新羅土器

내 서재 한구석에는
신라토기 항아리 하나가
놓여있다.

아득한 천 년 전
빚어진 그 모습 그 채로
그제나 이제나 더없이 소박한
그 모습으로 놓여 있다.

오직 그 어느 한 세월
땅속에 파묻혔었는지
물살 무늬의 주름 사이에는
바랜 흙의 흰 자취가
곱게 배어 있다.

이 땅의 모진 그 풍상 속에서
흠 하나 없이 오롯이 남아
모든 것이 스러지고 사라졌건만
이렇듯 시방 나와 함께 있다는
그 사실이 실로 놀랍고 신기하다.

휘둘러보아야 이 방 안에는
그 모두가 백 년 안쪽의 문물,
이 또한 세월과 더불어
스러지고 사라지겠지만
저 토기만은 지장地藏*의 화신인 듯
이 세상 끝마칠 때까지 불변하려는가?

*) 불교에서 말하는, 석가의 사후 미륵불이 출현할 때까지 이 세상을 지키며 교화한다는 성인.

출애급기出埃及記 별장別章

각설却說, 이때에 저들도
황금의 송아지를 만들어 섬겼다.

믿음이나 진실, 사랑과 같은
인간살이의 막중한 필수품들은
낡은 지팡이나 헌신짝처럼 버려지고
서로 다투어 사람의 탈만 쓴
짐승들이 되어갔다.

세상은 아론*의 무리들이 판을 치고
이에 노예근성이 꼬리를 쳤다.

그 속에도 시나이 산에서 내려올
모세를 믿고 기다리는 사람이
외롭지만 있었다.

자유의 젖과 꿀이 흐르는
가나안!
후유, 멀고 험하기도 하다.

*) 구약성서 「출애급기」에 나오는 인물로 황금송아지 우상을 만드는 데 앞장을 섬.

3

초토焦土의 시詩 1

판잣집 유리딱지에
아이들 얼굴이
불타는 해바라기마냥 걸려 있다.

내려 쪼이던 햇발이 눈부시어 돌아선다.
나도 돌아선다.
울상이 된 그림자 나의 뒤를 따른다.

어느 접어든 골목에서 발을 멈춘다.
잿더미가 소복한 울타리에
개나리가 망울졌다.

저기 언덕을 내려 달리는
소녀의 미소엔 앞니가 빠져
죄 하나도 없다.

나는 술 취한 듯 훙그러워진다.
그림자 웃으며 앞장을 선다.

초토焦土의 시詩 2

　제 먹탕으로 깜장칠한 문어 한 마리를 무릎에 싸안고서 어르고 있는 광경이라면 모두 웃음보를 터치리라.
　그러나 앞자리에 마주 자리잡은 나의 표정은 굳어만 갔다.
　"정식아! 볶지 마아, 빠빠에게 가면 까까 많이 사 줄게"
　이건 또 너무나도 창백한 아낙네가 정식이라고 이름 붙은 검둥애에게 거의 애소에 가까운 달램이었다.
　자정도 넘은 밤차, 희미한 등불 아래 손들의 피곤한 시선은 결코 유쾌한 눈짓이 아니었고 칭얼만 대는 검둥애의 대구리와 울상이 된 그 엄마의 하이얀 이마 위 땀방울이 유난히 빛나고 있었다.
　나는 이 뒤틀어대는 흑백의 모자상母子像을 보다 못해 호주머니를 뒤져 전송 나왔던 친구가 취기 반으로 사주던 해태 캬라멜을 꺼내 까서 녀석에게 넌지시 권해본다.
　아니나 다를까, 적중이었다. 녀석은 흑요석보다도 더 짙은 눈을 껌벅이며 깜장손으로 냉큼 잡아채어 입에 넣더니 제법 의젓해지지 않는가.
　두 개, 세 개, 네 개, 이제는 아주 나의 무릎으로 슬슬 기어오르며 이것만은 차돌같이 흰 이빨을 드러내어 웃어 반기는 것이다.
　여기에 이르르면 안 논다는 재주 없다. 눈물이 글썽하여 연신 미안스러워하는 아낙네에게 녀석을 아주 받아 안고 창경원에 가서 원숭이 놀리는 그 꼬락서니가 되어 캬라멜과, 애새끼와 있는 재주를 다 피워 얼러댄다.

이러는 사이에 어처구니없는 풍경이 되어버렸다. 뜻하지 않은 나의 구조를 넋없이 바라보던 아낙네가 신명身命의 고달픔이 차고 말았던지 사르르 잠들어버리고 그렇게 날치던 애새끼 역시도 이제는 어지간히 흡족했던지 내 품에서 쌕쌕 코를 고는 것이 아닌가.

꼼짝없이 검둥이 애비 꼴이 된 나는 헤아릴 수 없는 심정 속에서 그 채로 눈을 감고 만다.

나의 머리에는 이 녀석의 출생의 비밀이 되었을 지폐 몇 장이 떠오른다.

이 검둥이의 애비가 쓰러져 숨졌을 우리의 어느 산비탈과 어쩌면 그가 살아 자랑스레 차고 갔을 훈장을 생각해본다.

저 아낙네의 지쳐 내던져진 얼굴에서 오늘의 우리를 느낀다.

숨결마저 고와진 이 무죄하고 어린 생명을 안고서 그와 인류의 덧없는 운명에 진저리친다.

차는 그대로 밤을 쏜살같이 뚫어 달리고 손들은 모두 지쳐 곤드라졌는데 이제는 그만 내가 흑백의 부자상父子像이 되어 이마에 땀방울을 짓는다.

초토焦土의 시詩 9

땅이 꺼지는 이 요란 속에서도
언제나 당신의 속삭임에
귀 기울이게 하옵소서.

내 눈을 스쳐가는 허깨비와 무지개가
당신 빛으로 스러지게 하옵소서.

부끄러운 이 알몸을 가리울
풀잎 하나 주옵소서.

나의 노래는 당신의 사랑입니다.
당신의 이름이 내 혀를 닳게 하옵소서.

이제 다가오는 불장마 속에서
노아의 배를 타게 하옵소서.

그러나 저기 꽃잎 모양 스러져 가는
어린 양들과 한가지로 있게 하옵소서.

조국아! 늬는

늬는 아마도
몹쓸 나의 애물이지.
이다지나 쉴 새 없이
속을 썩히게.

늬는 어쩌면
꿈속에서나 이루울 모습인가.
깨어 보면 이렇듯
낯설고 서어 하니.

늬는 차라리
내 가슴에 못 박힌 한恨,
언제나 그 자리는 피맺혀
아리고 저리니 말야.

그래도 늬는
내 목숨의 불씨야.
꺼지지 않고 언제나
타오르는 걸 보면…….

월남기행 越南紀行

나는 어디서 날아온지 모르는
메시지 한 장을 풀려고
무진 애만 쓰다 돌아왔다.

꾸몽고개 야자수 그늘에서
봉다위 바닷가에서
아니 사이공의 아오자이 낭자娘子와
마주앉아서도
오직 그것만을 풀려고
애를 태다 돌아왔다.

아마 그것은 베트콩이 뿌린
전단傳單인지 모른다.

아마 그것은 나트랑 고아원서 만난
월남소년의 장난인지 모른다.

아마 그것은 어느 특무기관이
나의 사상을 시험하기 위한
조작인지 모른다.

아마 그것은 로마교황의
평화를 호소하는
포스터인지 모른다.

아니 그것은 우리의 어느 용사가
남겨놓고 간 유서인지도 모른다.

마치 그것은
흐르는 눈물 모양을 하고 있었다.

마치 그것은
고랑쇠 같은 모양을 하고 있었다.

마치 그것은
포탄으로 뻥 뚫린
구멍 모양을 하고 있었다.

마치 그것은
사지四肢를 잃은
해골 모양을 하고 있었다.

아니 그것은
눈감지 못한
원혼의 모습을 하고 있었다.

그런데 그것은
월남 이야기인 것도 같고

그런데 그것은
나 개인의 문제인 것도 같고

그런데 그것은
우리 민족에 관련한 것도 같고

아니 그것은 보다 더
인류와 세계에 향한
강렬한 암시 같기도 하였다.

내가 그것으로 말미암아
오직 느낀 것이 있다면
나란 인간이

아니 인류가
아직도 깜깜하다는 것뿐이다.

나는 그 메시지를
풀다 풀다 못하여
이제 고국에 돌아와서까지
이렇듯 광고한다.

백지 위에
선혈로 그려진
의문부
'?'
그게 무엇이겠느냐?

*) 이 시는 내가 1967년 11월 월남을 시찰하고 쓴 유일唯一의 작품으로 자유월남 정부군에게 전세戰勢가 유리하고 더구나 파월 국군은 승승장구하던 때였지만….

여명도黎明圖

동이 트는 하늘에
까마귀 날아

밤과 새벽이 갈릴 무렵이면
카스바*마냥 수상한 이 거리는
기인 그림자 배회하는 무서운
골목…….

이윽고
북이 울자
원한에 이끼 낀 성문이 뻐개지고
구렁이 잔등같이 독이 서린 한길 위를
햇불을 든 시빌**이
깨어라!
외치며 백마를 달려.

말굽 소리
말굽 소리
창칼 부닥치어
살기를 띠고

백성들의 아우성
또한 처연한데

떠오는 태양 함께
피 토하고
죽어가는 사나이의 미소가
고웁다.

*) 북아프리카 알제리 알제 시에 있는 암흑가. 프랑스 영화 '망향'의 무대가 됨.

**) 희랍어로 선지자先知者.

드레퓌스의 벤치*에서
— 도형수徒刑囚 짱**의 고백

빠삐용! 이제 밤바다는 설레는 어둠뿐이지만 코코야자 자루에 실려 멀어져간 자네 모습이야 내가 죽어 저승에 간들 어찌 잊혀질 건가!

빠삐용! 내가 자네와 함께 떠나지 않은 것은 그까짓 간수들에게 발각되어 치도곤을 당한다거나, 상어나 돌고래들에게 먹혀 바다귀신이 된다거나, 아니면 아홉 번째인 자네의 탈주가 또 실패하여 함께 되옭혀 올 것을 겁내고 무서워해서가 결코 아닐세.

빠삐용! 내가 자네를 떠나보내기 전에 이 말만은 차마 못했네만 가령 우리가 함께 무사히 대륙에 닿아 자네가 그리 그리던 자유를 주고, 반가이 맞아주는 복지福地가 있다손, 나는 우리에게 새 삶이 없다는 것을 알게 되었단 말일세. 이 세상은 어디를 가나 감옥이고 모든 인간은 너나없이 도형수임을 나는 깨달았단 말일세.

이 죽음의 섬을 지키는 간수의 사나운 눈초리를 받으며 우리 큰 감방의 형편없이 위험한 건달패들과 어울리면서 나의 소임인 200마리의 돼지를 기르고 사는 것이 딴 세상 생활보다 좋지도 나쁘지도 않다는 것을 터득했단 말일세.

빠삐용! 그래서 자네가 찾아서 떠나는 자유도 나에게는 속박으로 보이는 걸세. 이 세상에는 보이거나 보이지 않거나 창살과 쇠사슬이 없는 땅은 없고, 오직 좁으나 넓으나 그 우리 속을 자신의 삶의 영토로 삼고 여러 모양의 밧줄을 자신의 연모로 변질시킬 자유만이 있단 말일세.

빠삐용! 그것을 알고 난 나는 자네마저 홀로 보내고 이렇듯 외로운 걸세.

---

*) 앙리 샤리에르의 탈옥 수기 「빠삐용」에 나오는 죽음의 섬의 벼랑에 있는 벤치로, 유태 출신 프랑스 육군 대위로 반역죄에 몰려 이 섬에 유형되었다가 12년 만에 복권된 드레퓌스의 이름을 딴 것임.
**) 주인공의 탈출을 돕고도 죽음의 섬에 그대로 남는 중국계 도형수의 이름.

기도

저들은 저들이 하는 바를
모르고 있습니다.

이들도 이들이 하는 바를
모르고 있습니다.

이 눈먼 싸움에서
우리를 건져주소서.

두 이레 강아지 눈만큼이라도
마음의 눈을 뜨게 하소서.

4

말씀의 실상實相

영혼의 눈에 끼었던
무명無明의 백태가 벗겨지며
나를 에워싼 만유일체가
말씀임을 깨닫습니다.

노상 무심히 보아오던
손가락이 열 개인 것도
이적異蹟에나 접하듯
새삼 놀라웁고

창밖 울타리 한구석
새로 피는 개나리꽃도
부활의 시범을 보듯
사뭇 황홀합니다.

창창한 우주, 허막虛漠의 바다에
모래알보다도 작은 내가
말씀의 신령한 그 은혜로
이렇게 오물거리고 있음을

상상도 아니요, 상징도 아닌
실상으로 깨닫습니다.

신령한 소유

이제사 나는 탕아蕩兒가 아버지 품에
되돌아온 심회心懷로
세상만물을 본다.

저 창밖으로 보이는
6월의 젖빛 하늘도
싱그러운 신록 위에 튀는 햇발도
지절대며 날아다니는 참새 떼들도
베란다 화분에 흐드러진 페튜니아도
새롭고 놀랍고 신기하기 그지없다.

한편 아파트 거실을 휘저으며
나불대며 씩씩거리는 손주 놈도
돋보기를 쓰고 베갯모 수를 놓는 아내도
앞 행길 제각기의 모습을 오가는 이웃도
새삼 사랑스럽고 미쁘고 소중하다.

오오, 곳간의 재물과는 비할 바 없는
신령하고 무한량한 소유!
정녕, 하늘에 계신 아버지 것이
모두 다 내 것이로구나.*

*) 성서의 「탕아귀가蕩兒歸家」에서의 비유에서 그 아버지가 형을
달래며 하는 '나의 것이 다 네 것이 아니냐'라는 말을 받아서 썼음.

나자렛 예수

나자렛 예수!
당신은 과연 어떤 분인가?

마구간 구유에서 태어나
강도들과 함께 십자가에 못 박혀 죽은
기구망측한 운명의 소유자,

집도 절도 없이 떠돌아다니며
상놈들과 창녀들과 부역자들과
원수로 여기는 딴 고장치들과
어울리며 먹고 마시기를 즐긴 당신,

가난한 사람들에게
굶주린 사람들에게
우는 사람들에게
의로운 일을 하다 미움을 사고
욕을 먹고, 쫓기고
누명을 쓰는 사람들에게

'행복된 사람은 바로 당신들'이라고
'하느님 나라는 바로 당신들 차지'라고
엄청난 소리를 한 당신,

소경을 보게 하고
귀머거리를 듣게 하고
앉은뱅이를 걷게 하고
문둥이를 말짱히 낫게 하고
죽은 사람을 살려내고도

스스로의 말대로
온 세상의 미움을 사고
욕을 먹고, 쫓기다가
마침내 반역자란 누명을 쓰고
볼꼴 없이 죽어간 철저한 실패자,

내가 탯줄에서 떨어지자 맺어져
나의 삶의 바탕이 되고, 길이 되고
때로는 멀리하고 싶고 귀찮게 여겨지고,
때로는 좌절과 절망까지를 안겨주고

때로는 너무나 익숙하면서도
생판 낯설어 보이는 당신,
당신의 참모습은 과연 어떤 것인가?

당신은 사상가가 아니었다.
당신은 도덕가가 아니었다.
당신은 현세의 경륜가가 아니었다.
아니, 당신은 종교의 창시자도 아니었다.

그래서 당신은 어떤 지식을 가르치지 않았다.
당신은 어떤 규범을 가르치지 않았다.
당신은 어떤 사회혁신운동을 일으키지 않았다.
또한 당신은 어떤 해탈을 가르치지도 않았다.

한편 당신은 어느 누구의 과거 공적이 있고 없고를 따지지 않았고
당신은 어느 누구의 과거 죄악의 많고 적음을 따지지 않았고
당신은 실로 이 세상 모든 사람의 생각이나 말을 뒤엎고

'고생하며 무거운 짐을 지고
허덕이는 사람은
다 나에게로 오라,
내가 편히 쉬게 하리라'고
고통 받는 인류의 해방을 선포하고

다만, 하느님이 우리 아버지시요,
그지없는 사랑 그 자체이시니
우리는 어린애처럼 그 품에 들어서
우리도 아버지가 하시듯 서로를 용서하며
우리도 아버지가 하시듯 다함없이 사랑할 때

우리의 삶에 영원한 행복이 깃들고
그것이 곧 '하느님의 나라'라고 가르치고
그 사랑의 진실을 목숨 바쳐 실천하고
그 사랑의 불멸을 부활로써 증거하였다.

성모상 앞에서

은방울꽃에서는
성모의 냄새가 난다

지구의地球儀 위에 또아리를 틀고 엎드려
당신의 그 고운 맨발에 깔린 뱀은
괴롭기커녕 눈을 가늘게 뜨고
고개를 갸우뚱 졸고 있다

푸른 보리 비린내를 풍기고
지나가는 봄바람이
당신의 흰 옷자락과 남빛 띠를
살짝 날리고 있고
흰 수건을 쓰고 우러르는
당신의 눈빛엔 한恨이 담겨 있다

이 나라 청자의 하늘을 넘어
저 깊은 허무의 바다도 넘어서
당신의 명주 가슴에다
칠고七苦*의 생채기를 내고 간
아들, 예수의 나라가

예서도 보이는가?

루르드 바위 그늘에
무릎을 꿇어 합장한
오월의 오후!
만물의 숨결이 고르다.

*) 성모 마리아가 아들 예수 그리스도로 인해 당한 일곱 가시 고통
을 말함.

부활절

씨랑 뿌리랑 벌레랑 개구리들이
땅 밑에서 새 모습을 하고
일제히 얼굴을 내미는 부활의 계절.

나도 우렁찬 천상의 나팔소리 함께
동면 같은 무덤 속에서 깨어 일어날
그날을 그리며 흥겨움에 잠긴다.

원죄와 본죄本罪의 허울을 벗은 내가
에덴 본디의 모습을 하고
성부께 영락을 선포 받을
그날을 그리며 흥겨움에 잠긴다.

색색의 꽃들인 양 대원大願을 이룬
가족과 이웃들을 만나서
흘러간 이승의 사연을 주고받을
그날을 그리며 흥그러움에 잠긴다.

인공과 자연이 새살로 아문
지구의 완성을 둘러보며

영광과 평화의 훈풍 속에 노닐
그날을 그리며 흥그러움에 잠긴다.

섭리와 자유의 경계가 스러진
온누리의 성좌를 훨훨 날으며
천사랑 어울려 찬미에 취할
그날을 그리며 흥그러움에 잠긴다.

봄맞이 춤

옛 등걸 매화가
흰 고깔을 쓰고
학鶴춤을 추고 있다.

밋밋한 소나무도
양팔에 푸른 파라솔을 들고
월츠를 춘다.

수양버들 가지는 자진가락
앙상한 아카시아도
빈 어깨를 절쑥대고
대숲은 팔굽과 다리를 서로 스치며
스탭을 밟는다.

길 언저리 소복한 양지마다
잡초 어린것들도 벌써 나와
하늘거리고

땅 밑 창구멍으로 내다만 보던
씨랑 뿌리랑 벌레랑 개구리도

봄의 단장을 하느라고
무대 뒤 분장실 같다.

바람 속의 봄도
이제는 맨살로 살랑댄다.

해빙 解氷

흰 눈이 덮인 밭과 밭 사이
우리 국토 모양을 짓고
얼었던 강이 녹아 흐른다.

아직도 얼음은 둘로 갈린 허리 응달에서
포문, 총구, 칼날처럼 줄줄이 번득이고
강 한복판 모래무덤들은 태극기를 만들기도 하고
제주도나 울릉도나 남해 군도를 이루기도 하고
양측 기슭으론 진남포, 신의주
원산, 서호진, 청진항을 이루고 있다.

남향받이엔 버드나무들이
은회색 쥐새끼를 가지마다 붙이고
벌써 눈이 트고 있는데
건너편 북향받이 나무들은
표독한 가시를 돋친 채
아직도 물기가 감감하다.

중천에 친 황금사黃金絲 그물에
어린 해들이 걸려 하늘거리고

강 속에는 수초들이 꼬리를 친다.

며칠 전만 해도 꽝꽝 얼어붙었던
이 사각지대!
지나간 우리의 미움처럼
이제는 우리의 사랑처럼
녹아 흐르고

저기 흉물스레 놓여 있던
'돌아오지 않는 다리'도
흘러 떠가고 있다.

가을 병실

가을 하늘에
기러기 떼 날아간다.
내 앓은 가슴 위에다
긴 그림자를 지으며
북으로 날아간다.
한 마리 한 마리 꼬리를 물 듯이
一직선을 그으며 날아간다.

팔락
  팔락
    팔락
      팔락
        팔락
          팔락
            팔락
              팔락
내 가슴 공동(空洞)에 내려앉는다.
            도
          레
        미

파
　　솔
　라
　시
마지막 한 마리는
내가 붙잡았다.

　　팔딱
　　팔딱
　　팔딱
내 가슴이 뛴다.
　　끼럭
　　끼럭
　　끼럭
내 가슴이 운다.
끼럭
끼럭
끼럭
하늘이 운다.

　　　　끼럭
끼럭
나는 놓아 보낸다.

혼자 떨어져 날으는 뒷모습이
나 같다.

가을 하늘에
기러기 떼 날아간다.
나의 가슴에
평행선을 그으며 날아간다

5

성탄절 고음苦吟

구유 위에 당신을 첫 조배하던
목동들의 순박한 기쁨과
그 외양간의 단란團欒마저 깨진
교회당,

당신 왕국의 건설을 두려워하는
헤로데와 그 군사들이
이 밤도 당신의 새순을 자르기에
눈 뒤집혀 지새우는 크리스마스,

복음을 쇼윈도의 구슬옷처럼
조명에 따라 변색시키는
당신의 제자들과
그 열광의 무리와
바리사이파들에게 오늘도 에워싸인
당신,

자캐오처럼 나무에 올라
한 마리 까마귀 영혼이 우짖는다

"나와 우리의 이 주박呪縛에
눈을 돌려주소서"

하일서경 夏日敍景

1. 아침

산과 마을과 들이
푸르른 비늘로 뒤덮여
눈부신데

광목처럼 희게 깔린 농로農路 위에
도시에선 약 광고에서나 보는
그런 건장한 사내들이
벌써 새벽 논물을 대고
돌아온다.

2. 낮

'이쁜이'가 점심함지를
이고 나서면
'삽살이'도 뒤따른다.

사내들은 막걸리 한 사발과
밥 한 그릇과
단잠 한숨에
거뜬해져서 논밭에 들면

해오리 한 쌍이
끼익 소리를 내며
하늘로 난다.

3. 저녁

저녁 어스름 속에
소를 몰아
지게 지고 돌아온다.

굴뚝 연기와
사립문이 정답다.

태고로부터
산과 마을과 들이
제자리에 있듯이

나라의 진저리나는
북새통에도
이 원경原景에만은
안정이 있다.

초생달 꽃밭

초생달 꽃밭에는
옛 얼굴들이 산다.

봉선화 꽃술에서 내민 얼굴은
혼례를 치른 지 사흘 만에
북간도로 떠나던 외사촌 누나,
색色골무타래를 쥐어주고선
목쉰 기적과 함께 떠나간 누나,
다홍으로 얼룩진 50년 전 그 얼굴이
소롯이 내다보고 있다.

코스모스에선 교리반 수녀의 얼굴!
악네스이던가 누시아던가
검은 고깔에 흰 수건으로 감싼 보얀 얼굴에
푸른 눈을 반짝이던
쬐그만 내 가슴의 그리움이던
하늘하늘 키가 큰 서양수녀가
빙그레 내다보고 있다.

국화에서 내다보는
얼굴은 그 누구일까?
이북, 산소도 알 길 없는
어머님 시신의 얼굴 같기도 하고
거기 두고 온 처제의
상냥한 얼굴 같기도 하고
어쩌면 며느리 될 애의 얼굴 같기도 한데
초생달이 먹구름 뒤로 숨자
이제 꽃밭은 현기眩氣 같기도 하고
무서움 같기도 하여
으스스 한기가 든다.

원, 몸살이 나려는가?

달밤 2경(景)

1

달이 으슥한 우물 안에서
철렁철렁 목욕을 하다
두레박을 타고 올라와
질옹배기로 흘러들어간다.

이번엔 햇바가지에 담겨
새댁의 검은 머리채 위서부터
보얀 등허리와 볼록한 앞가슴을
미끄러져 내려

빨랫돌 위에 산산이 부서진다.

달로 씻은 육신은 달처럼 희다……

노란 지붕 위에서
내려다보던 고추들이
얼굴을 더욱 붉힌다.

어느새 중천中天에 다시 올라간
달을 쳐다보고
박덩이가 쩔쩔매며
넝쿨 뒤로 숨는다.

꽃밭에서 이를 바라보던 봉선화가
너무나 재밌어 꽃잎을 떨구며
눈에 이슬을 단다.

   2

강에 달이 둥실.

강낭밭에 그림자가 바삭 버석.

마당의 코스모스가 너울 너울.

뒤란의 장독대가 빙.

지붕 위에 박넝쿨이 살살.

초동初冬의 서정抒情

상강霜降

마지막 잎새마저 떨어진
고목 가지에
서리 핀 흰 아침이 드맑게 펼쳐 있다.

소년 적 죄그만 가슴의 그리움이던
교리방教理房 수녀의 흰 이마가
아련히 떠오른다.

청렬清冽이 결코 설움은 아니련만
내 눈에는 찬이슬이 맺힌다.

입동立冬

헤식어가는 햇발이
긴 그림자를 끌고
양지를 찾는다.

대지는 번열煩熱을 가시고
본래대로 누워 있다.

11월의 일모日暮엔
나의 인생도 회귀에 든다.

초설初雪

첫눈을 맞을 양이면
행복한 이에겐 행복이 내려지고
불행한 사람에겐 시름이 안겨진다.

보얗게 드리운 밤하늘을
헤치고 가노라면
등불의 거리는 고성소古聖所처럼 그윽한데

멀리 어디선가
기항지 없는 뱃고동 같은 게
쉰 소리로 울려온다.

마지막 잎새

며칠 전만 해도 가지마다 수북이
황금빛 잎새로 눈부셨던 은행나무가
잎새 하나만을 남기고 떨고 서 있다.

병든 이웃 여인네를 위하여
창밖 나무에 그려서 매단
어느 늙은 무명 화가*의
눈물겨운 잎새가 떠오른다.

나의 시도 그 그림 잎새처럼
삶에 지치고 외로운 한 가슴의
위로이거나 기쁨이기를 바랬었건만
도야지 꼬리만한 허명만 남기고서
머지않아 내 인생의 회귀와 함께
저 마당에 떨어져 쌓인 잎새처럼
쓰레기 더미에 버려지게 되었구나.

아니 저런 현세적 성취의 부실보다
내 영혼의 창고가 텅 비어 있음을
소스라치게 놀라고 눈앞에 닥쳐올

내세가 두려워지고 당황하게 된다.

―하늘의 아버지께 무슨 낯으로,
 무슨 염치로 뵈오나?

은싸라기가 하얗게 뿌려진 아침
역시 머리에 흰 서리를 이고서
은행나무의 마지막 잎새를 바라보며
나의 눈에는 찬 이슬이 맺힌다.

*) 오 헨리의 단편소설 「마지막 잎새」에 나오는 주인공.

신령한 새싹

그다지 모질던 회오리바람이 자고
나의 안에는 신령한 새싹이 움텄다.

겨울 아카시아모양 메마른
앙상한 나의 오관五官에
이 어쩐 싱그러움이냐?

어둠으로 감싸여 있던 만물들이
저마다 총총한 별이 되어 반짝이고
그물코처럼 얽히고설킨 사리事理들이
타래실처럼 술술 풀린다.

이제 나에게는 나고 스러지는 것이
하나도 가엾지가 않고
모두가 영원의 한 모습일 뿐이다.

때를 넘기면 배가 고프고
신경통으로 사지가 쑤시기는
매한가지지만

나의 안에는 신령한 새싹이 움터
영원의 동산에다 피울
새 꽃을 마련하고 있다.

오늘은 내 안에

1

내 안의 울 속에서
밤낮없이 으르렁대는

저 사나운 짐승의
정체는 무엇일까?

무슨 먹이라도 보았는가?
오늘은 길길이 뛰고 있다.

2

내 안의 바다 위를
정처없이 표류하는

저 닻 없는 쪽배의
기항지는 어디일까?

파도가 거센가보다.
오늘은 몹시도 흔들린다.

3

내 안의 허공 속을
끝없이 나래 펴는

저 파랑새의 꿈은
언제 어디서 이뤄질까?

불멸의 그 동산을 그려본다.
영원이 오늘은 내 안에 있다.

■ 해설

상常과 나

설 창 수 薛昌洙

　상常의 공든 첫 시집에 내가 한 줄기 글을 쓴다는 노릇이 나로선 눈물겨웁고 상常도 고맙게 생각할는지 모르나 읽는 이에겐 까닭 없는 외람이기에 무릇 미안하고 면고하다.
　작품이란 그것 스스로 한 개의 생명체이므로 반드시 지은이를 알아야 한다고는 생각되지 않는다. 다만 노래에 앞서서 사람이 있었거니 사람을 말할 수도 있는 것이나 내가 진정 상常을 거짓 없이 말할 수 있으리라는 자신도 없다.
　오히려 꽃다발을 든 상常을 그르칠까 하여 상常에게도 두려운 정이 든다.
　구상은 인생파人生派의 시인임을 나는 단정하고 싶다. 삶을 뿌리하여 노래하는 그이지 노래를 바탕삼아 사는 그가 아니다.
　그러한 구상은 8·15 후에 세 가지의 반항을 실행하여 왔다. 수도원의 담장을 넘은 것, 38선의 무쇠 포장을 끊는 것, 예술지상파의 상아탑을 허물은 것들이다.

반드시 그의 발자취는 크지 않을는지 모른다. 그러나 촌보도 타협하지 않고 꾸준히 버티며 목메인 부르짖음을 이어 온 것만은 확실하다.

지금도 기도하는 구상은 반드시 에호바를 거사린 염소라 할 수는 없다. 거지에게 돈을 못 주면 모자를 벗고 절을 드리는 경건과 패륜에 대한 불타는 분격을 잊어버리진 않했다.

어떻게 하여 수많은 동포를 복되게 하는 데 도움 될 수 있는가 하여 이리 저리 심부름하는 희생의 마음이 식은 것은 아니다. 한 줄기의 노래를 어떻게 하여 온전히 아름답게 하느냐의 수련을 게을리 하였다고는 보지 않는다. 다만 그는 틀에 박히기엔 벅찬 인간적 개성을 감당할 길이 없었고, 유물적인 정치의 종이 되기에는 자유에의 동경을 억누를 수 없었고, 한갓 아름다움의 요술쟁이 되기에는 솟구치는 목숨 맥박을 제어할 수 없었던 것이다.

남으로 님어왔던 젊은이들이 다 같이 겪은 시민적 고초도 있었거니와 더구나 그를 자자지게 외로움의 감탕 속에 몰아넣은 까닭은 문화인으로서의 동지적 빈곤과 산 어디에 해당밭 가시덤불 속에 홀로 두고 온 팔십 난 어머니를 걱정함에서였다.

이제 트인 하늘로 아들의 길을 돌아가려 함에 이 시집 한 권을 불효의 속죄에 대신하여 드리는 꽃다발로 삼으려고 한단다. 갸륵한 마음이라 아니할 수 없다.

동시에 "포탄 속에서도 진달래꽃은 피겠지오." 하면서 조국의 안위와 문학의 시대적 사명을 외오치던 그가 과연 이 나라의 거룩한 중창重創을 아뢰는 포성 아래서 한 아름 진달래 꽃다발을 엮어내게 된 데는 쉽사리 누구나 다 할 수 없는 숨 가쁜 분투의 응보가 있었다는 내정을 생각할 때 기쁜 마음이 치밀어 오른다.

그리하여 이 꽃다발 군데군데 얽혀진 그의 정신의 피 흔적을 어루만지면서 기도하는 구상, 일하는 구상, 노래하는 구상의 삼위일체에서 이루어질, 보다 무궁한 백화난만을 빌고 믿음은 어찌 어리석은 벗 내 하나랴 하랴.

구 상	
	연 보

1919(1세) 9월 16일 서울시 종로구 이화동, 구종진과 이정자의 3남 중 막내로 출생.
본명 구상준具常浚.

1923(5세) 함경남도 문천군 덕원면 어운리로 낙향(1955년 경상북도 칠곡군 왜관읍 왜관동으로 본적 이전 등기).

1938(20세) 원산 덕원 성베네딕트수도원 부설 신학교 중등과 수료.

1941(23세) 일본(니혼)대학 전문부 종교과 졸업.

1942(24세) 북선매일신문사 기자(1945년까지).

1946(28세) 북한의 원산에서 시집 『응향凝香』에 「여명도」 「길」 「밤」 등이 수록되어 필화를 입고 탈출 월남. 서울 문단에 입참.

1948(30세) 연합신문사 문화부장(1950년까지).

1950(32세) 국방부 기관지 승리일보사 주간(1952년까지).

1951(33세) 시집 『구상具常』(청구출판사) 출간.

1952(34세) 효성여자대학교 문리과대학 부교수(1956년까지). 영남일보사 주필 겸 편집국장(1955년까지).

1953(35세) 사회평론집 『민주고발民主告發』(남향출판사) 출간. 경북 칠곡군 왜관에 정착.

1955(37세) 민간인으로서는 처음으로 금성화랑 무공훈장 받음. 대구매일신문 상임고문(1959년까지).

1956(38세) 시집 『초토焦土의 시詩』(청구출판사) 출간.

1957(39세) 서울시 문화상 수상.

1959(41세) 민권수호 국민총연맹이라는 범국민조직체의 문화부장으로 체포 감금됨(8개월).

1960(42세) 수상집 『침언부어沈言浮語』(민중서관) 출간. 서강대학교 강사(1년간).

1961(43세) 경향신문사 논설위원 겸 동경지국장(1965년까지).

1970(52세) 국민훈장 동백장 받음. 하와이대학교 극동어문학과 교수(1974년까지).

1975(57세) 『구상문학선』(성바오로 출판사) 출간.

1976(58세) 중앙대학교 예술대학 문예창작학과 대우교수(1999년까지). 수상집 『영원 속의 오늘』(중앙출판사) 출간.

1977(59세) 수필집 『우주인과 하모니카』(경미문화사) 출간.

1978(60세) 신앙 에세이 『그리스도 폴의 강』(성바오로 출판사) 출간.

1979(61세) 대한민국 예술원 회원. 묵상집 『나자렛 예수』(성바오로 출판사) 출간.

1980(62세) 대한민국 문학상 본상 수상. 시집 『말씀의 실상實相』(성바오로 출판 사) 출간.

1981(63세) 시집 『까마귀』(홍성사) 출간, 시문집 『그분이 홀로서 가듯』(홍성사) 출간.

1982(64세) 수상집 『실존적 확신을 위하여』(홍성사) 출간. 하와이대학교 극동어문학과 교수(1983년까지).

1984(66세) 자선 시집 『모과 옹두리에도 사연이』(현대문학사) 출간. 시선집 『드레퓌스의 벤치에서』(고려원) 출간.

1985(67세) 수상집 『한 촛불이라도 켜는 것이』, 서간집 『딸 자명紫明에게 보낸 글발』(범양사), 『구상연작시집』(시문학사) 출간.

1986(68세) 제2차 아시아 시인회의 서울대회장. 『구상시전집』(서문당), 수상집 『삶의 보람과 기쁨』(자유문학사), 파리에서 불역佛譯시집 『타버린 땅』 출간.

1987(69세) 시집 『개똥밭』(자유문학사) 출간.

1988(70세) 수상집 『시와 삶의 노트』(자유문학사), 시집 『다시 한 번 기회를 주 신다면』(문음사), 시론집 『현대시창작입문』(현대문학사), 이야기시집 『저런 죽일 놈』(지성문화사) 출간.

1989(71세) 영국 런던에서 영역英譯시집 『타버린 땅』, 시화집 『유치찬란』(삼성출판사) 출간.

1990(72세) 한영대역韓英對譯 시집 『신령한 새싹』(세명서관), 시화집 『유치찬란』(삼성출판사) 출간.

1991(73세) 세계시인대회 명예대회장. 국제펜클럽 한국본부 고문. 런던에서 영역英譯연작시집 『강과 밭』, 시선집 『조화造花 속에서』(미래사) 출간.

1993(75세) 대한민국 예술원상 수상. 제5차 아세아시인대회의 서울대회장. 자전自傳시문집 『예술가의 삶』(혜화당) 출간.

1994(76세) 독일 아흔에서 독역獨譯 시집 『드레퓌스의 벤치에서』, 희곡·시나리오집 『황진이』(백산출판사) 출간.

1995(77세) 수필집 『우리 삶, 마음의 눈이 떠야』(세명서관) 출간.

1996(78세) 연작 시선집 『오늘 속의 영원, 영원 속의 오늘』(미래문화사) 출간.

1997(79세) 파리 라 디페랑스 출판사로부터 세계 명시선의 하나로 선정된 한불대역韓佛對譯 시집 『오늘·영원』, 스톡홀름에서 스웨덴어 역 시집 『영원한 삶』 출간. 영국 옥스퍼드 대학 출판부에서 출간한 『신성한 영감 ―예수의 삶을 그린 세계의 시』에 신앙시 4편이 수록됨.

1998(80세) 도쿄에서 일역日譯『한국 3인 시집 - 구상·김남조·김광림』, 시집『인류의 맹점에서』(문학사상사) 출간.
2000(82세) 한국문학영역총서『초토의 시』(답게출판사), 이탈리아 시에나대학교 비교문학연구소에서『구상 시선』출간.
2001(83세) 한국문인협회 고문. 신앙시집『두 이레 강아지만큼이라도 마음의 눈을 뜨게 하소서』(바오로딸) 출간.
2002(84세) 시집『홀로와 더불어』출간. 경북 칠곡군 왜관동에 <구상문학관> 개관. 한국대표시인101인 선집『구상』(문학사상사) 출간.
2004(86세) 5월 11일 폐질환 투병 끝에 귀천. 금관문화훈장 받음.

〚한국대표명시선100〛을 펴내며

  한국 현대시 100년의 금자탑은 장엄하다. 오랜 역사와 더불어 꽃피워온 얼·말·글의 새벽을 열었고 외세의 침략으로 역경과 수난 속에서도 모국어의 활화산은 더욱 불길을 뿜어 세계문학 속에 한국시의 참모습을 드러내게 되었다.
  이 나라는 글의 나라였고 이 겨레는 시의 겨레였다. 글로 사직을 지키고 시로 살림하며 노래로 산과 물을 감싸왔다. 오늘 높아져 가는 겨레의 위상과 자존의 바탕에도 모국어의 위대한 용암이 들끓고 있음이다.
  이제 우리는 이 땅의 시인들이 척박한 시대를 피땀으로 경작해온 풍성한 시의 수확을 먼 미래의 자손들에게까지 누리고 살 양식으로 공급하는 곳간을 여는 일에 나서야 할 때임을 깨닫고 서두르는 것이다.
  일찍이 만해는 「님의 침묵」으로 빼앗긴 나라를 되찾고 잃어가는 민족정신을 일으켜 세우는 밑거름으로 삼았으며 그 기룸의 뜻은 높은 뫼로 솟아오르고 너른 바다로 뻗어 나가고 있다.
  만해가 시를 최초로 활자화한 것은 옥중시 「무궁화를 심고자」(≪개벽≫ 27호 1922.9)였다. 만해사상실천선양회는 그 아흔 돌을 맞아 만해의 시정신을 기리는 일의 하나로 '한국대표명시선100'을 펴내게 된 것이다.
  이로써 시인들은 더욱 붓을 가다듬어 후세에 길이 남을 명편들을 낳는 일에 나서게 될 것이고, 이 겨레는 이 크나큰 모국어의 축복을 길이 가슴에 새겨나갈 것이다.

만해사상실천선양회

한국대표명시선100 | 구 상

나는 혼자서 알아낸다

1판1쇄 발행 2013년 7월 22일
1판2쇄 발행 2019년 12월 30일

지 은 이 구 상
뽑 은 이 만해사상실천선양회
펴 낸 이 이창섭
펴 낸 곳 시인생각
등 록 번 호 제2012-000007호(2012.7.6)
주   소 고양시 일산동구 호수로 688. A-419호
          ㉾10364
전   화 050-5552-2222
팩   스 (031)812-5121
이 메 일 lkb4000@hanmail.net

값 6,000원

ⓒ 구상, 2013

ISBN 978-89-98047-64-1 03810

* 이 책의 저작권은 저자와 시인생각에 있습니다.
* 잘못된 책은 책을 구입하신 서점에서 교환하여 드립니다.

※ 이 책은 만해사상실천선양회의 지원으로 간행되었습니다.